EDICT GENERAL

DV ROY, SVR LE REGLEMENT

de la Iustice, & Creation en heredité de plusieurs Offices.   Contenant,

Certificateurs Preud'hommes.

Greffiers, Controolleurs hereditaires de tous
    Registres & Papiers iournaux.

Gardes des petits Seaux, auec nouueaux droits.

Greffiers, Gardes-sacs & productions.

Controolleurs des productions.

Greffiers des Arbitres, qui seront vendus con-
    ioinctement auec les Greffiers Gardes-sacs.

Greffiers des Notifications.

Clercs de l'Audience.

Verifié en Parlement le 28. iour de Iuin. 1627.

A PARIS,

Par P. METTAYER, A. ESTIENE,
& C. PREVOST, Imprimeurs
Libraires ordinaires du Roy.

M. DCXXVIII.

Auec Priuilege de sa Majesté.

(9)

OVIS par la grace
de Dieu, Roy de Fran-
ce & de Nauarre , A
tous presens & à ve-
nir , Salut. Comme
ainsi soit, que les Roys
nos Predecesseurs a-
yent pour retrancher les abus & maluer-
sations qui s'estoient glissees en l'admi-
nistration de la Iustice, fait plusieurs bô-
nes & sainctes Loix & Ordonnances,
Neantmoins la malice des hômes crois-
sant auec la multiplicité des affaires, a
donné subjet à plusieurs Notaires, Sergents & autres Ministres de Iustice, abu-
sants de la facilité & ignorance de nos
Subjets d'vser de surprises, faussetez &
antidates à leur grande ruine & preiudice: Pour à quoy remedier, DE l'aduis de
nostre Conseil, auquel assistoient la Roy-
ne nostre tres-honorée Dame & Mere,

A ij

noſtre tres-cher & tres-amé Frere vni-
que le Duc d'Orleans, pluſieurs Princes,
Seigneurs & principaux Officiers de noſtre Couronne, Nous auons par ceſtuy
noſtre preſent Edict perpetuel & irreuo-
cable, dit, ſtatué & ordonné, diſons, ſta-
tuons & ordonnons ce qui enſuit:

I.

PREMIEREMENT, que les anciennes
Ordonnances, Arreſts & Reglements
ſur l'ordre à tenir & obſeruer par les Notaires és Contracts & autres Actes qu'ils
receueront & paſſeront, entre autres
pour l'approbation & authoriſation des
additions, radiations & retranchements,
ſeront entierement gardez & obſeruez
de poinct en poinct, ſur les peines portées par içelles.

II.

Et pour remedier aux inconuenients
qui arriuent aux parties par le defaut de
ſçauoir lire & ſigner, AVONS par ce
preſent Edict, à l'inſtar de ce qui ſe pratique en noſtre Prouince de Bretagne,
creé & eſtably, creons & eſtabliſſons en
tiltre d'Office formé, en chacune de nos
Villes, Bourgs & Parroiſſes de noſtre

Royaume où il y a Notaires, deux Certificateurs Preud'hommes, en heredité,
de tous les Contracts & Actes excedans
cent liures, paſſez par ceux qui ne ſçau-
ront lire, éſcrire ne ſigner : leſquels aſſi-
ſteront auec les parties à la lecture deſdits Contracts & Actes excedans cent
liures, & y ſigneront : Deſigneront par
leurs actes de certification, les noms, les
conditions & demeures de ceux deleur
Paroiſſe, & qui leur ſeront recogneus. Et
pour ceux de dehors & qui leur ſeront
incogneus, ils deliureront leurs certifications ſur les atteſtations de perſon-
nes de probité & à eux cogneues ; & deliureront meſmes certifications à ceux
des Paroiſſes de leur reſidance, qui auront à paſſer Actes & Contracts dehors;
leſquelles certifications demeureront
pardeuers les Notaires qui auront paſſé
leſdicts Contracts & Actes. Tiendront
leſdits Certificateurs ſommaire & neantmoins fidele Regiſtre & Controolle
de tous leſdits Actes, Contracts & Certifications où ils auront aſſiſté, pour y
auoir recours, & en donner acte quand
beſoin ſera & requis en ſeront. Et afin

A iij

de leur donner plus d'employ en faiſant ceſſer la maniere indecente qui s'eſt pratiquée iuſques icy , de confondre és Proſnes des Egliſes , les choſes temporelles auec les ſpirituelles , Nous leur auons attribué & attribuons le pouuoir de faire toutes les meſmes publications qui ſe font eſdicts Proſnes, quant aux choſes temporelles , de quelque qualité qu'elles ſoient , à la ſortie des grandes Meſſes Paaochiales, & en donner Acte : Et outre aſſiſter ceux de nos Huiſsiers & Sergents qui les requerront en leurs executions & criées , recorder leurs exploits & actes , & iceux ſigner auec eux. Pour tous leſquels actes, Nous leur auons attribué & atttibuons, aſçauoir deux ſols Pariſis pour chacune aſſiſtance , certification & enregiſtrement deſdits actes : autant pour chacun acte qu'ils en deliureront : Quatre ſols Pariſis pour chacune des publications où il y aura denombrement, & deux ſols Pariſis pour chacune des publications ſans denombrement & acte qu'ils en deliureront. Et pour les aſſiſtances & recordations de chacun des exploits & actes, les

droicts mentionnez cy apres. Et outre
les auons exemptez & exemptõs de toutes charges publiques sans nulle exce-
pter, sinon de nos Aydes, Tailles & Im-
posts qu'ils payeront comme nos autres
subjets : Pour estre lesdits Offices vendus à faculté de rachapt perpetuel, &
iouyr par les pourueus desdits Offices
dudit droict d'heredité.

III.

Et d'autant que ces remedes seroient
inutiles, si par mesme moyen nous ne
pouruoyons aux antidates & substra-
ctions cy deuant remarquées, qui se peuuent commettre aux regiftres & papiers
iournaux, par la supposition d'iceux, sub-
ftractions & changements de fueillets
& autrement, Avons par ce mesme
Edict creé & establi, creons & establissons en chacun Baillage, Seneschauf-
fée, Préuosté, Eslection & Iustice Roya-
le de cestuy nostre Royaume, pays, ter-
res & Seigneuries de nostre obeyssance,
vn Bureau où seront portez tous les registres, reliez en blanc, & de consistance
suffisante, destinez à enregistrer toutes
sortes d'actes generalement, & papiers

iournaux. Et en chacun de ces Bureaux, creé & erigé, creons & erigeons en tiltre d'Office formé, vn Greffier Controolleur hereditaire de tous regiſtres, liures de raiſon, & papiers iournaux, pour eſtre par luy cottez & paraphez en chacun fueillet, en arreſter la nombre, en faire l'inſcription contenant le nombre des fueillets, & à quoy ils ſont deſtinez, le temps qu'ils auront à ſeruir, qui ne ſera que pour vne annéc au plus : & les renouueller d'an en an, ſans en ce comprendre les regiſtres des Greffiers de nos Iuriſdictions.

I V.

QVE tous ceux qui auront beſoin deſdits regiſtres, liures de raiſon & papiers iournaux, ſeront obligez de les mettre entre les mains dudict Greffier Controolleur à l'effect que deſſus, les retirant s'en charger enuers luy ſur le regiſtre par luy tenu à cét effect : Exprimer parriculierement au receu d'iceluy le nombre des fueillets cottez & paraphez dudit Greffier Controolleur, le ſigner du meſme ſeing duquel ils ſe voudront ſeruir en l'expedition des actes
qu'ils

qu'ils y infereront & regiftreront : decla-
rant tous autres nuls, & les actes & autres chofes y employées, de nul effet, fans
que l'on y puiffe adioufter aucune foy : &
ceux qui s'en feruiront, amendables à
l'arbitrage des Iuges, fans qu'ils les puiffent difpenfer de ladite condamnation
d'amande.

V.

En fin de chacune année, & quinze
iours apres icelle expirée, tous ceux qui
auront pris lefdits regiftres, feront tenus
de porter & reprefenter audit Greffier
Controolleur, tous les regiftres & papiers iournaux de l'année precedente,
pour eftre par luy veus, clos & paraphez
au fueillet où fe terminera l'enregiftrement des actes, afin qu'il n'y en puiffe
eftre adioufté ny retranché aucun ; l'acte
qui fera efcrit & figné de luy, contenant
ledit regiftre luy auoir efté exhibé vn tel
iour par celuy auquel il aura feruy ; le
nombre des fueillets efcrits ; le nombre
des actes ou articles qu'il contiendra ; &
fera ledit regiftre clos d'vne ligne à l'en-
tour & deffous tous lefdits actes & articles, afin qu'il n'y puiffe eftre rié adioufté.

VI.

Et d'autant que comme ceste charge peut produire vn grand bien, elle est aussi grandement penible & laborieuse, Nous leur auons attribué & attribuons, asçauoir vn denier pour paraphe de chacun fueillet, huict sols pour chacun acte de destination au commencement desdits registres, & autant pour chacun acte de closture à la fin, sans qu'ils en puissent prendre ny exiger dauantage, à peine de concussion, Pour estre lesdicts Offices vendus hereditairement à ladite faculté de rachapt, ainsi qu'il est accoustumé.

VII.

Et pour contenir les Huissiers & Sergens en l'exacte obseruation de nos Ordonnances, & empescher qu'ils ne consomment en frais inutiles les parties qui les employent, Nous leur enioignons de se nommer, & faire mention de leurs demeures, en leurs exploits: leur defendons de prendre ny faire signer à l'aduenir autres Records, en leurs exploits de saisies reelles, establissemens de Commissaires, procez verbaux de criées, executions de

meubles , commandemens , offres , &
autres actes de pareille conſequence, que
les ſuſdits Certificateurs preud'hommes
creez par le preſent Edict: Auſquels nous
attribuons auſſi ce pouuoir , comme dit
eſt , l'interdiſant à tous autres, à peine de
faux & de nullité des exploits & autres
actes, de cinq cens liures d'amende, &
de tous les deſpens dommages & intereſts des parties , ſi ce n'eſt aux exploits
de peu de conſequence : Et lors qu'ils
iront exploiter à la campagne , leur defendons d'en mener aucun auec eux,
mais de prendre ceux des lieux où ils ex-
ploiteront: Et toutefois pource qu'ayant
ſouuent à exploiter contre aucuns Seigneurs & Gentils-hommes de difficile
conuention, les Certificateurs des lieux
craindroiét de les offenſer,& de les auoir
pour ennemis , s'ils aſſiſtoient noſdicts
Huiſsiers & Sergens, & en ceſte crainte
ne les refuſeroient pas ſeulement, mais
en donneroient aduis auſdits Seigneurs
& Gentils-hommes, ce qui rendroit les
executions impoſsibles, au perils deſdits
Huiſsiers & Sergens, & à la ruine de nos
ſubiects ; En ce cas, & non autrement,

B ij

Nous auons permis & permettons à nofdits Huifsiers & Sergens, apres la plainte
qu'ils auront faite à nos Iuges des refi-
ftances ou empefchemens à eux donnez,
de s'afsifter & fortifier des Certificateurs
voifins de trois ou quatre lieuës de di-
ftance au plus, & de tel nōbre de perfonnes qu'ils verront bon eftre : Enioignant
tres-expreffement à nofdits Certificateurs, Preuofts de nos tres-chers & tres-
Amez Coufins les Marefchaux de Fran-
ce ou leurs Lieutenans, de leur donner
main forte & afsiftance, à peine de priuation de leurs charges, & de refpondre
en leurs propres & priuez noms des
dommages & interefts des parties : Pre-
nant à cefte fin lefdits Certificateurs
preud'hommes, enfemble lefdits Huiffiers, Sergens, & tous autres en noftre
protection & fauuegarde fpeciale. De-
fendant à toutes perfonnes de quelque
qualité & condition qu'elles foient, de
feur méfaire ny médire, à peine d'encou-
rir noftre indignation, mais de fouffrir
paifiblement, & auec le refpeét deub à
noftre authorité, les executions faiétes
en noftre nom. Aufquels Certificateurs

nous attribuons pour chacun exploit &
autres actes, aufquels ils feruiront de Records fur les lieux, deux fols Parifis ; &
pour ceux où ils feront obligez d'aller
dehors, pour les caufes contenuës cy deffus , quatre fols Parifis pour chacune
lieuë.

VIII.

Et pour empefcher les fauffetez , fup-
pofitions , antidates, & autres abus qui
fe commettent par lefdicts Huiffiers &
Sergens, Nous enioignons aux parties,
à la requefte defquelles les Sergens auront exploité, de faire regiftrer fommai-
rement par les Gardes des petits Seaux,
les exploits de faifies & autres actes pour
fommes excedants cent liures. Iceux exploits faire fceller fuyuãt nos Edicts, fans
que lefdites parties s'en puiffent feruir
qu'ils n'ayent efté regiftrez & feellez, à
peine de nullité.

IX.

Enioignons pareillement à tous Greffiers & Notaires, de faire fceller par lefdits Gardes des petits Seaux les Sentences, Iugemens, Actes & Contracts qu'ils
expedieront, à peine d'eftre refponfables
B iij

en leurs propres & priuez noms, des'dō-
mages & interefts des parties, & de cent
liures d'amende enuers nous. Et pour
remedier à l'inconuenient qui pourroit
arriuer de la perte des Contracts feellez,
qui apporteroit ruine aux parties qui les
auroient adhirez, d'autant qu'ils fe trou-
ueroient priuez de leurs hypotheques, &
leurs Contracts inualides & fans execu-
tion ; Nous voulons, ordonnons & en-
ioignōs aufdits Gardes des petits Seaux,
de tenir regiftre fommaire des noms des
parties, de la fubftāce & date defdits Cō-
tracts, pour y auoir recours en cas de perte defdits Contracts feellez, & en faire
feeller d'autres groffes fur la foy dudit
regiftre. Et pour l'efmolumenr frant du
feel que dudit enregiftrement fommaire, Nous leur auons attribué & attribuons par le prefent Edict, quatre fols
Parifis pour chacune des Sentences, Iugemens, Contracts, & autres actes excedans cent liures, & deux fols Parifis pour
chacun de ceux qui feront au deffous de
ladite fomme de cent liures.

X.

Et d'autant qu'en confequence des

commandemens & executions faites par
nofdits Huiffiers & Sergens , plufieurs
pour efuiter la vente de leurs biens ou
l'emprifonnement de leurs perfonnes,
& les interefts proteftez, confignent les
fommes qui leur font demandées entre
les mains d'iceux Huiffiers & Sergents,
lefquels par diuers artifices les retien-
nent fouuent fi longuement, qu'eux ou
les parties intereffées venants à mourir,
les heritiers ne les peuuent retirer : Et
pour y remedier, Voulons & nous plaift,
qu'en cas d'oppofition , ou autre empef-
chement qui ne foit terminé dãs le mois,
à compter du iour de la confignation,
nos Huiffiers & Sergents entre les mains
defquels elles auront efté faites , ayent à
les mettre en celles defdits Gardes des
petits Seaux, lefquels leur en donneront
defcharge , & s'en chargeront fur leurs
regiftres au marge de l'enregiftrement
de l'acte fait par lefdits Huiffiers fur ladite confignation , les gardans & confer-
uans iufques à ce qu'il en ait efté ordonné : leur attribuant trois deniers pour liure du droict de recepte, lequel droict fera pris & deduit fur la fomme confignée,

aux despens de qui il appartiendra.

XI.

Et pour le regard des sommes consignées és mains desdits Huissiers & Sergens auparauant la verification des presentes, Voulons & nous plaist semblablement, que dans huictaine du iour de ladite verification ou publication d'icelles és sieges de nosdites Iurisdictions, iceux Huissiers & Sergens qui les auront receuës, les portent & mettér és mains desdits Gardes des petits Seaux comme dessus, & qu'à faute de ce, ledit temps passé, ils y soient contraints : & pareillement pour les autres consignations qui leur serót faites à l'aduenir par les voyes accoustumées en nos propres affaires, attribuát mesme droict de trois deniers pour liure ausdits Gardes des petits Seaux.

XII.

L'obseruation des Reglemens, Ordonnances & Coustumes sur le faict des saisies & criées d'heritages, lesquelles enioignent aux Huissiers & Sergens qui les font, d'en faire la lecture à haute & intelligible voix à l'issuë des grandes Messes Parochiales, estant negligée, les affiches mesmes

mefmes artachées par perfonnes inter-
pofees auffi toft qu'elles font mifes, &or-
dinairement la plufpart fi mal efcrites,
qu'elles ne fe peuuent lire fouuent à def-
fein & par artifice , pour en cacher &
ofter la cognoiffance aux oppofans &
autres intereffez : Pour y remedier , en
reïterant lefdits Reglemens & Ordonnances , & y adiouftant , Nous enioignons tres-expreffement à nofdits Huiffiers & Sergens , qu'à l'aduenir proce-
dant aufdites faifies & criées, ils ayent
à y appeller les fufdits Certificateurs
preud'hommes , & en leur prefence faire la lecture à haute & intelligible voix
de leurs exploicts & publications des affiches, contenant le particulier des chofes faifies, à la requefte de qui , & pour
quelles fommes; prendre pour tefmoins
les Paroiffiens fortans de la grande Mef-
fe, au nombre porté par nofdits Reglemens, Ordonnances & Couftumes; en
faire mention en leurs procez verbaux,
enfemble de leurs qualitez & demeures; le tout à peine de fufpenfion de
leurs charges, defpens, dommages &
interefts des parties, faire efcrire les af-

fiches, tant defdites criées que de toutes
autres , en lettres bien formée , affez
grofle, & fans abbreuiation extraordi-
naire , & les appofer en lieux conuena-
bles pour eftre leües de tous ceux qui le
voudröt. Defendans à qui que ce foit de
les defchirer , arracher , ny couurir , à
peine de cent liures d'amende pour la
premiere fois , & de plus grande pour la
feconde , applicable moitié à nous , &
l'autre au denonciateur.

XIII.

Et pour reftablir vn ordre exact à la
reception des facs & productions , &
que comme plufieurs pieces importent
fouuent à la conferuation entiere des familles, elles foient auffi plus foigneufement conferuées qu'elles n'ont efté iufques à prefent, par ce qu'il n'y a eu aucun pourueu en tiltre : Pour cét effect,
Novs avons par ce mefme noftre
Edict, creé & erigé, creons & erigeons
en tiltre d'Office formé & hereditaire,
vn Greffier garde facs , en chacune de
nos Iurifdictions & Cours fouueraines,
pour receuoir tous les facs qui luy feront
mis entre les mains, les verifier exacte-

ment, & en faire mention ſur vn regiſtre
qui l'en rendra reſponſable, ne les deli-
urer à ceux de nos Iuges auſquels ils ſeront diſtribuez qu'auec le meſme ordre,
en faire meſme mention, le procez iugé,
ou le Cõſeiller rapporteur decedé, auoir
le ſoin de les retirer vn mois apres d'être
les mains de leurs veufues, heritiers ou
Clercs, les faire rediſtribuer par le meſme ordre, s'il eſt neceſſaire ; & s'ils en
ſont requis, les inſtances terminées és
Cours ſouueraines, les rendre aux Procureurs des parties, les faiſant ſigner ſur
ſon regiſtre.

XIV.

Et pour ce qui eſt des Preſidiaux &
Iuſtices inferieures, Voulons le meſme
ordre eſtre gardé & obſerué, les Iuges
tenus lors du rapport de les remettre
auſdits Greffiers, s'en faiſant deſcharger
pour iceux eſtre rendus aux Procureurs
des parties s'il n'y a appel, le temps de
releuer expiré : & en cas d'appel, eſtre
renuoyé auſſi toſt au Greffe de la Iuriſdi-
ction où les parties le releueront auec
vn fidel inuentaire, comme il eſt dit cy
deſſus.

X V.

Iouyront lefdicts Greffiers Garde-facs defdicts Offices aux fonctions & pouuoirs fufdits, & aux droicts, fçauoir ceux des Cours fouueraines de quatre fols parifis pour chaque fac produit, autant pour le rendre, pareille fomme de ceux qui feront retirez des mains des veufues & heritiers des rapporteurs decedez, quatre fols parifis pour chacune production, autant pour chacune diftribution : Et ceux des Iuftices inferieures de deux fols parifis pour chaque fac produit, autant pour le rendre, pareille fomme de ceux qui feront retirez des veufues & heritiers des Rapporteurs decedez, deux fols parifis pour chacune production, & autant pour chacune diftribution. Tous lefquels droicts nous leur auons attribué & attribuons fans qu'ils en puiffeut prendre ny exiger dauantage, fous quelque pretexte que ce foit, à peine de concuffion & de priuation de leurs Offices. Et feront lefdits Offices vendus à faculté de rachapt perpetuel en la maniere accouftumée, pour en iouyr par les pourueus & acquereurs comme il eft dit cy-deffus.

X V I.

Et dautant qu'il arriue beaucoup d'inconueniens des suppositions & changements qui se fontaux productions apres
les procez iugez, lesquelles on augmen-
te ou diminuë de beaucoup de ce qui
auoit esté produit pardeuant les Iuges,
& ce par l'artifice soit des Procureurs,
soit des parties, pour augmenter par ce
moyen les taxes de despens, ou changer
quelque chose ausdites productions, au
preiudice des parties, NOVS VOVLONS
& ordonnons, que doresnauant auant
que les sacs & productions des parties
soient portées ausdits Greffiers Garde-
sacs, afin qu'elles ne puissent estre chan-
gées ny alterées, Voulons que les inuentaires & escritures soyent controollees
& paraphées en tous les fueillets par les
Controolleurs des productions, que
nous auons pour cét effect par ce mesme
nostre present Edict creé, erigé & esta-
bly, creons, erigeons & establissons en
tiltre d'Office formé en heredité, aufquels pour esmolument nous auons attribué & attribuons les deux sols pour
liure des salaires de ce qui est taxé aux

Procureurs pour lefdits inuentaires &
droict de reuifion des Efcritures : Et fe-
rontauffi lefdits Offices de Controolleurs vendus à faculté de rachapt perpetuel en la maniere accouftumée, pour en
iouyr par les pourueus & acquereurs
comme il eft cy deffus dit.

XVII.

Et pour pouruoir à la conferuation
des Sentences arbitrales, & autres actes
de confequence, qui iufques icy ont efté
en diuerfes mains fans ordre ny feureté
pour les intereffez, d'autant qu'elles font
retenuës par perfonnes priuées & inco-
gnuës non chargées d'icelles, Avons
attribué & attribuons le tiltre, qualité
& pouuoir de Greffier des arbjtres, aufdits Greffiers Garde-facs, pour expedier
à l'aduenir les Sentences & autres actes
rendus par les Iuges arbitres, en garder
& conferuer foigneufement les minutes, & rendre les facs aux parties, apres
les inftances terminées, pour eftre en ce
faifant lefdictes charges de Greffiers des
Sentences arbitrales, venduës, tenuës &
exercées hereditairement , & par mefmes perfonnes auec celles defdits Gref-

fiers Garde-facs, aux droicts ainfi qu'il fe
pratique en tous nos autres Greffes, fuy-
uant nos Reglemens, & ceux de nofdi-
tes Cours & Iurifdictions, fans qu'ils en
puiffent prendre ny exiger dauantage, à
peine de concuffion.

XVIII.

Et fur les aduis qui nous ont efté donnez, que nos droicts, foit Seigneuriaux,
foit de lots & ventes, & auffi des Seigneurs particuliers Ecclefiaftiques & Se-
culiers, font ordinairement recelez, faute de fçauoir & pouuoir defcouurir les
contracts des ventes qui fe font, & pour
lefquels lefdits droicts font deubs, comme auffi les retrayans, foit feodaux, foit
lignagers, font priuez de pouuoir vfer de
leur droict de retraict, faute de pouuoir
defcouurir dans les temps prefcrits par
nos Ordonnances & les Couftumes, les
Contracts de vente qui fe font faits fub-
iects aufdits droicts; Et que pour remedier à ces inconueniens, le Roy Henry
III. d'heureufe memoire, par fon Edict
& Declaration de l'an mil cinq cens quatre vingt vn, verifiez en noftre Cour de
Parlement de Paris, auroit eftably en ti-

tre d'Office des Greffiers des notificatiõs
defdits Contracts fubiets aufdits droicts
Seigneuriaux, lots & ventes, & de retraict tant feodal que lignager, Nous a-
uons renouuellé & confirmé ledict Edict
& Declaration de l'an 1581.& entant que
befoin feroit, creé & erigé, creons & erigeons de nouueau en tiltre d'Office formé lefdits Greffiers des notifications fui-
uant & conformément audit Edict cy at-
taché foubs le contrefeel de noftre Chã-
cellerie, auec les droicts & efmolumens
à eux attribuez par iceluy, pour eftre lefdits Offices vendus hereditairement en
la maniere accouftumée.

XIX.

Et d'autant que de la conferuation ou
perte des comptes defpend la feureté &
repos des familles, VOVLONS & ordonnons que d'orefnauant la minute de
tous les comptes de tutelle, curatelle,
affociations & executions teftamentai-
res, & heritiers beneficiaires, apres
qu'ils auront efté examinez par nos Iuges & Commiffaires, foient portez aux
Greffes ordinaires de leurs Iurifdictions,
pour eftre lefdites minutes conferuées

par

par les Greffiers defdites Iurifdictions;
& coppie defdicts comptes , articles &
clostures d'iceux par eux deliurez aux
parties qui le requerront ; auec pareils
falaires qu'ils prennent pour les autres
expeditions , en payant par lefdits Greffiers pour ladicte attribution , les taxes
qui en feront faictes en noftre Confeil.

XX.

Et d'autant que nous auons efté ad-
uertis des defordres qu'il y a dans nos
Prefidiaux, Bailliages & autres Iuftices
Royales & fubalternes aux appellations
des caufes, en ce que contre & au preiudice des Reglemens fur ce faicts, Par lefquels il eft ordonné que les caufes feront
appellées à tour de roolle , afin que
la Iuftice foit par ce moyen renduë éga-
lement & fans confufion , elles font
bien fouuent aduancées ou retardées,
foit par la volonté des Iuges qui prefi-
dent aux Audiences, ou par la fubtilité
& artifices des Procureurs; Enquoy les
parties plaidantes ont vn notable inte-
reft , & reçoiuent vn grand preiudice:
Pour à quoy remedier, Novs vovlons
& nous plaift , que dorénauant , fui-

D

uant & conformement aux quarante
deux & quarante troiſieſme articles de
l'Arreſt de noſtre Cour de Parlement
de Paris, du quatorzieſme Aouſt 1617.
Portant reglement pour les Iuges Officiers, Praticiens & Miniſtres de Iuſti-
ce des Sieges ordinaires & Preſidiaux,
cy attachez ſous le contreſcel de noſtre
Chancellerie , toutes les cauſes qui
ſe plaideront en tous nos Preſidiaux,
Baillages & autres Iuſtices Royales &
ſubalternes de ceſtuy noſtre Royaume,
ſoient enregiſtrées & appellées à tour
de roolle: Auec defenſes à nos Iuges Preſidiaux , Lieutenans generaux, particuliers & autres nos Iuges, d'interrompre
l'ordre d'iceluy , ny faire appeller les
cauſes par placets, ſinon au nombre de
cinq ou ſix, pour le regard deſdicts Preſidiaux ſeulement, en chacune audience & ſur la fin d'icelle , leſquels placets
feront ſignez de ceux qui preſident chacun à leur égard, & apres ſignifiee aux
parties le iour precedent que leurs cauſes ſoient appellées , à peine de nullité des Iugements & Sentences qui ſe
rendront au preiudice du preſent regle-

ment. Et pour cét effect roolles feront
faits de huictaine en huictaine, clos à
chacun iour de Vendredy, & publiez à
l'iſſuë de l'audience dudit iour: Et de-
fenfe aux Procureurs de ne mettre aucune caufe efdits roolles qui ne foit conte-
ſtée & preſte à plaider: & à ceux qui feront lefdits roolles apres la cloſture d'i-
ceux, d'y adiouſter aucune caufe à peine
d'amende; & feront les caufes qui reſte-
ront à appeller dudit roolle, appellées
les premieres au premier iour, & les
roolles encommencez, paracheuez a-
uant qu'en commençer vn autre. Pour
cét effect, & afin que cét ordre foit exa-
ctement gardé & obferué à l'aduenir,
Novs auons par ceſtuy noſtredit Edict,
creé, eſtably & erigé, creons, eſtabliſ-
fons & erigeons en tiltre d'Office formé
en heredité, vn Clerc de l'audience en
chacun de nofdits Sieges Preſidiaux,
Bailliages, & autres nos Sieges & Iuſtices Royales & Subalternes, pour enre-
giſtrer toutes les caufes, & les faire appeller à tour de roolle: auquel pour toutes peines, droicts, falaires & vacations,
Nous auons attribué & accordé, attri-

buons & accordons deux ſols tournois
pour l'enregiſtrement, & vn ſol tournois pour l'appel de chacune cauſe, auec
les meſmes priuileges, prerogatiues,
franchiſes & libertez que les Greffiers
deſdits Sieges & Iuſtices : Pour eſtre leſdits Offices vendus hereditairement en
la maniere accouſtumée. N'entendons
toutesfois comprendre au preſent Edict,
le Chaſtelet de noſtre ville de Paris, en
ce qui eſt de l'appel deſdites cauſes ſeulement, que pour certaines conſidera-
tions nous auons attribué aux Huiſſiers
audienciers d'iceluy ; Voulans & enten-
dans au ſurplus, qu'il y ſorte ſon plein &
entier effect ; & que leſdites cauſes y
ſoient enregiſtrées en la forme cy deſſus,
pour eſtre appellées ſuyuant l'ordre du
roolle par leſdits Huiſſiers audienciers:
Auſquels & auſdits Clercs d'audience,
nous defendons tres-expreſſement de
contreuenir au preſent reglement, à peine de ſuſpenſion de leurs charges, & de
tous deſpens dommages & intereſts des
parties.

Sɪ DONNONS EN MANDEMENT
à nos amez & feaux Conſeillers les gens

tenans nos Cours de Parlemens, Cours
de nos Aydes, Baillifs, Senefchaux, Preuofts, Iuges & leurs Lieutenans, & à
tous autres nos Officiers qu'il appartiendra, Qu'ils verifient, facent regiftrer &
publier ces prefentes, garder, obferuer
& entretenir inuiolablement le contenu
de poinct en poinct, felon leur forme &
teneur, & faire ceffer tous troubles &
empefchemens, nonobftant oppofitions
ou appellations quelsconques, & tous
Edicts, Ordonnances & Reglemens à
ce contraires : pour tous lefquels, & fans
preiudice d'iceux ne voulons eftre diffe-
ré, y defrogeant pour ce regard. Et d'autant que de ces prefentes l'on pourra
auoir affaire en plufieurs & diuers lieux,
Nous voulons qu'aux coppies d'icelles
deuëment collationnées par l'vn de nos
amez & feaux Confeillers & Secretai-
res, foy foit adiouftée comme au prefent
Original : CAR tel eft noftre plaifir. Et
afin que ce foit chofe ferme & ftable à
toufiours, Nous auons fait mettre noftre
feel à cefdites prefentes, fauf en autres
chofes noftre droict, & l'autruy en toutes. DONNE à Paris, au mois de Iuin,

D iij

l'an de grace mil six cens vingt-sept. Et
de noftre regne le dix-huictiefme.   Signé, LOVIS. Et plus bas, Par le Roy,
DELOMENIE. Et à cofté, VISA. Et
feellé du grand feau de cire verte, fur lacs
de foye rouge & verte.

Et plus bas eft efcrit:

Leu, publié & regiftré, Ouy & ce
requerant le Procureur general du Roy,
à Paris en Parlement le Roy y feant, le
vingthuictiéme iour de Iuin mil fix cens
vingt-fept.

Signé,   DV TILLET.

Collationné à l'Original par moy Con-
feiller, & Secretaire du Roy,